Te taaeaburaam, te mwatireti ae aki kona ni motirawa

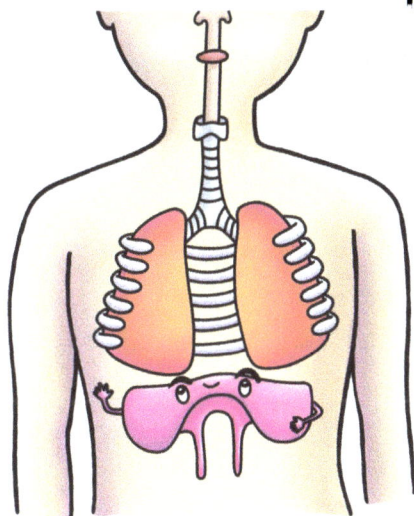

Te korokaraki iroun Bernie Bissett
Te korotaamnei iroun Ka Mang Lee

Library For All Ltd.

E boutokaaki karaoan te boki aio i aan ana reitaki ae tamaaroa te Tautaeka ni Kiribati ma te Tautaeka n Aotiteeria rinanon te Bootaki n Reirei. E boboto te reitaki aio i aon katamaaroaan te reirei ibukiia ataein Kiribati ni kabane.

E boreetiaki te boki aio iroun te Library for All rinanon ana mwane ni buoka te Tautaeka n Aotiteeria.

Te Library for All bon te rabwata ae aki karekemwane mai Aotiteeria ao e boboto ana mwakuri i aon kataabangakan te ataibwai bwa e na kona n reke irouia aomata ni kabane. Noora libraryforall.org

Te taaeaburaam, te mwatireti ae aki kona ni motirawa

E moan boreetiaki 2022
E moan boreetiaki te katootoo aio n 2022

E boreetiaki iroun Library For All Ltd
Meeri: info@libraryforall.org
URL: libraryforall.org

Te korotaamnei iroun Ka Mang Lee

Atuun te boki Te taaeaburaam, te mwatireti ae aki kona ni motirawa
Aran te tia korokaraki Bissett, Bernie
ISBN: 978-1-922849-48-9
SKU02270

Te taaeaburaam, te mwatireti ae aki kona ni motirawa

Ikerake i nanon tabeua te teekan. Kaotinakoa te ang. Ko kaboonganaa maamaam i nanon am tai n ikeike. Ma ko ataia ae ko kaboonganaa naba am mwatireti ae e marurung?

Te mwatireti aio e bon mwakuri i nanon rabwatam n te ngaina ao te bong i nanon bongin maium. E aki kona ni motirawa! Ko ataia bwa e kangaa ni mwakuri?

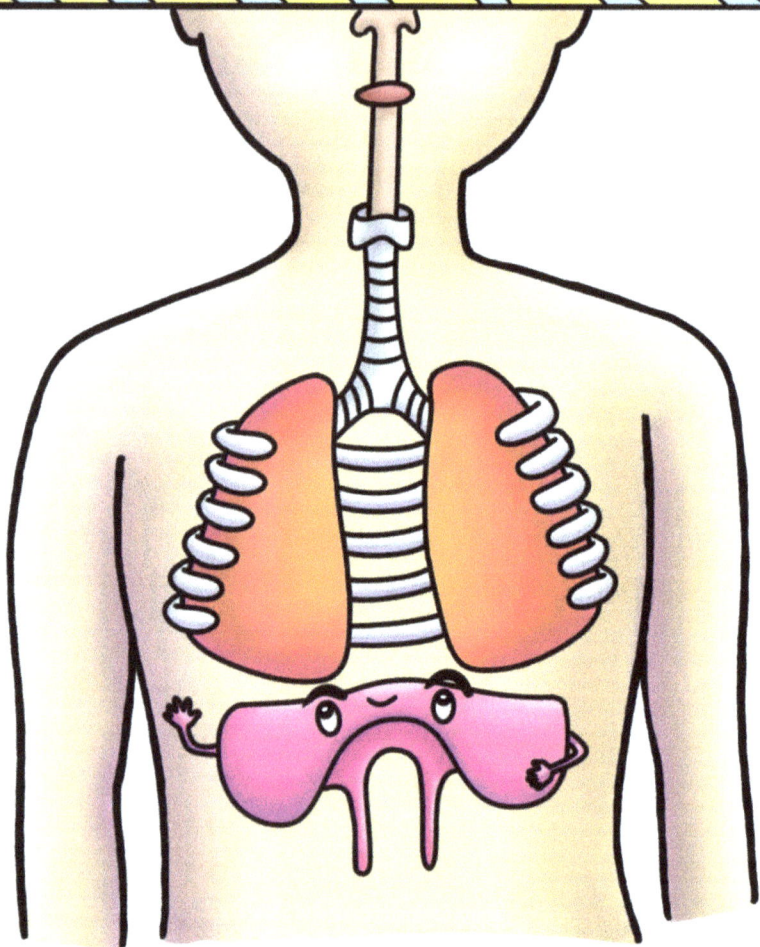

E mena i aan te maamaa
te taaeaburaam, ao e tiki
mai i moa ni karokoa tokin
riinikaokaom.

Ngkana ko ikerake, e wene
n eti mwatireti aei ao aio
are e kauka riinikaokaom ni
kabane. Aioo ngkanne are e
karina te eea ni maamaam.

Bon iai te okitiitin n te eea are
e rinnako i nanon maamaam.
E kainnanoa te okitiitin
rabwatam ibukin kakorakoraana.

E rin te okitiitin man te eea ae ko
ikeikenna ao e biri man mamaam,
nako nanon raraam ao e a manga
bwamwiaki man te buroo bwa e
na kona n roota bwain rabwatam
ni kabane.

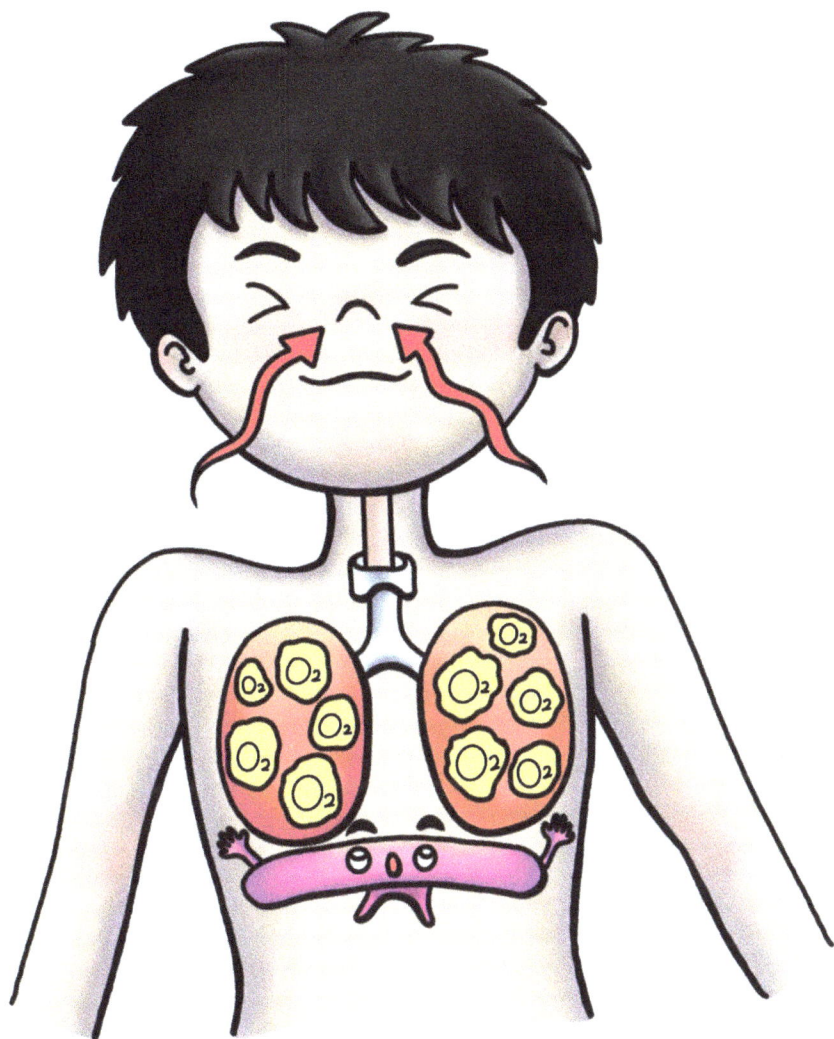

Ngkana ko katiinakoa te ang, e motirawa teutana am mwatireti ae e marurung ao a bane n okiri nneia riinikaokaom ni kabane.

Ikerake riki ao namakina te bwai
ae iki nakon riinikaokaom.

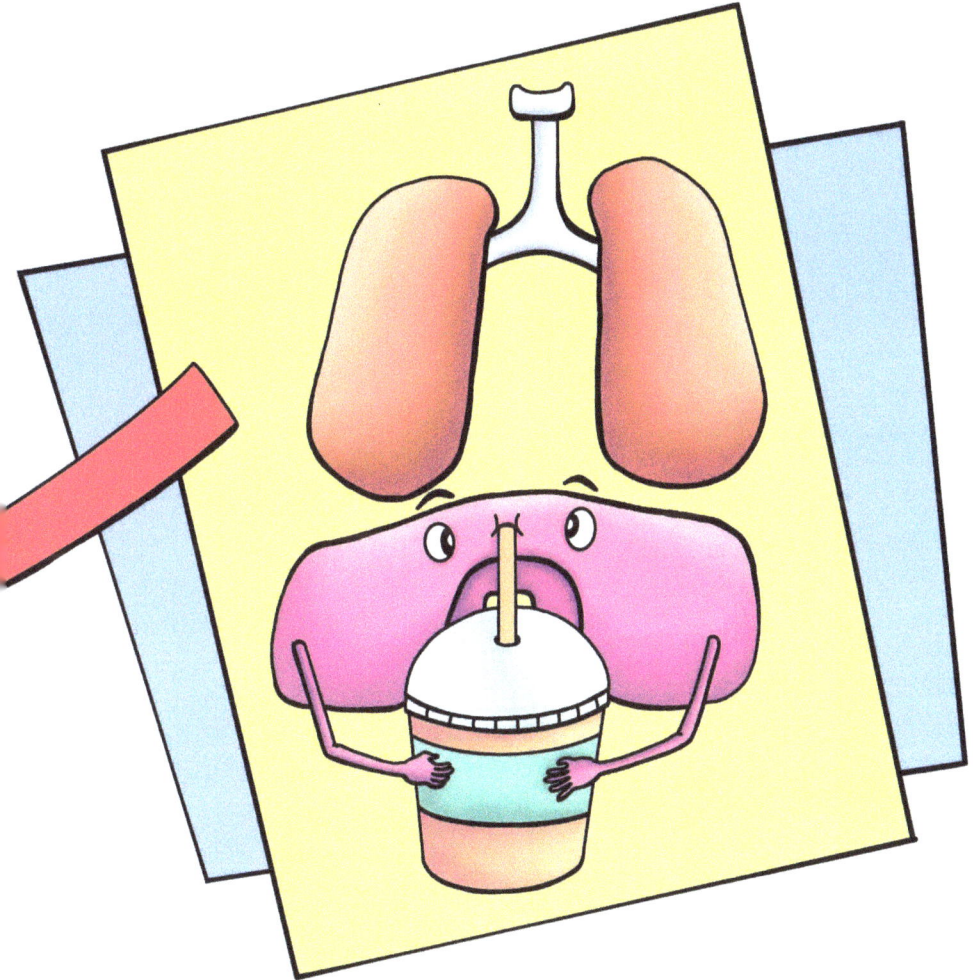

Bon te mwatireti ae kakaawaki. E mwakuri ni katoa tai, e ngae naba ngkana ko matuu. Ko aki kainanoia bwa ko na iangoia!

Ngkana ko kakammwakuri
n aron te biribiri, ko kainanoa
te korakora. E mwakuri korakora
te mwatireti aioo ni karina te
okitiitin i nanon rabwatam bwa e
a aonga n reke te korakora are
kainnanoia am mwatireti.

E aki tii buokiko n ikeike te
mwatireti ae e marurung aioo.
Ko kaboonganaa naba am
mwatireti aioo i nanon am tai
n anene! E buokiko n roota te
too ae rietaata ke ae rinano ibukina
bwa e katautaua mwaitin te eea ae
ko ikeikenna.

Ngkanne ngkana ko a manga anenea kunam ae ko taatangiria, uringnga ae ko kabonganaa am mwatireti ae te taaeaburaam.

Ngkana e aoraki maamaan te aomata, e mwakuri korakora te taaeaburaam. Mokonakin taian tikareti e bon kaoraka maamaan te aomata, ngaia are e a aki roko raoi ni mwaitin te okitiitin ae kainnanoaki, e ngae naba ngkana e mwakuri korakora te taaeaburaam.

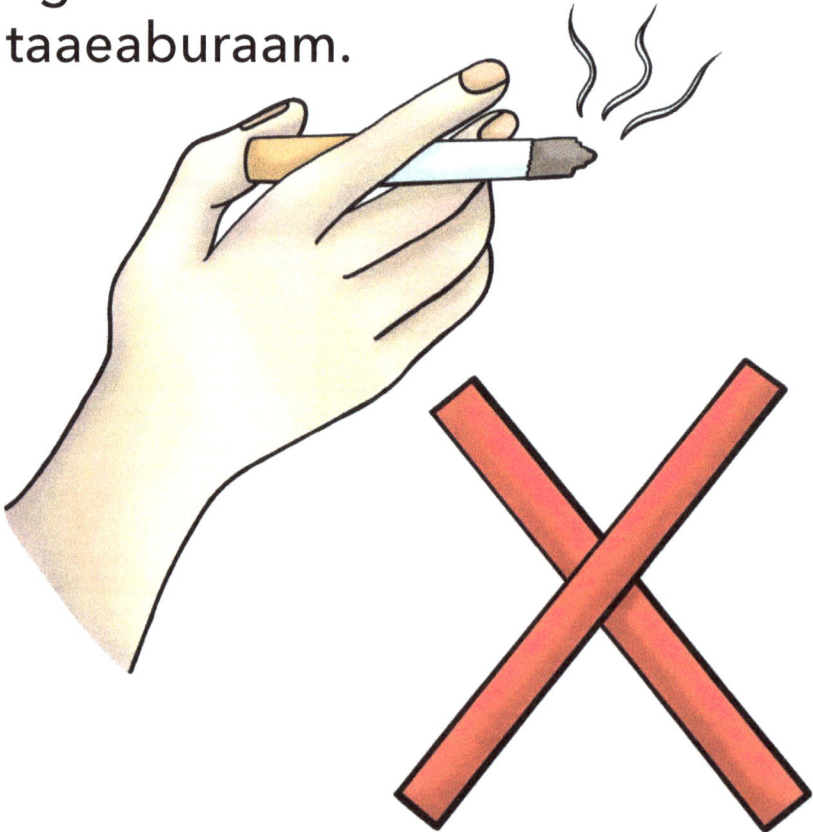

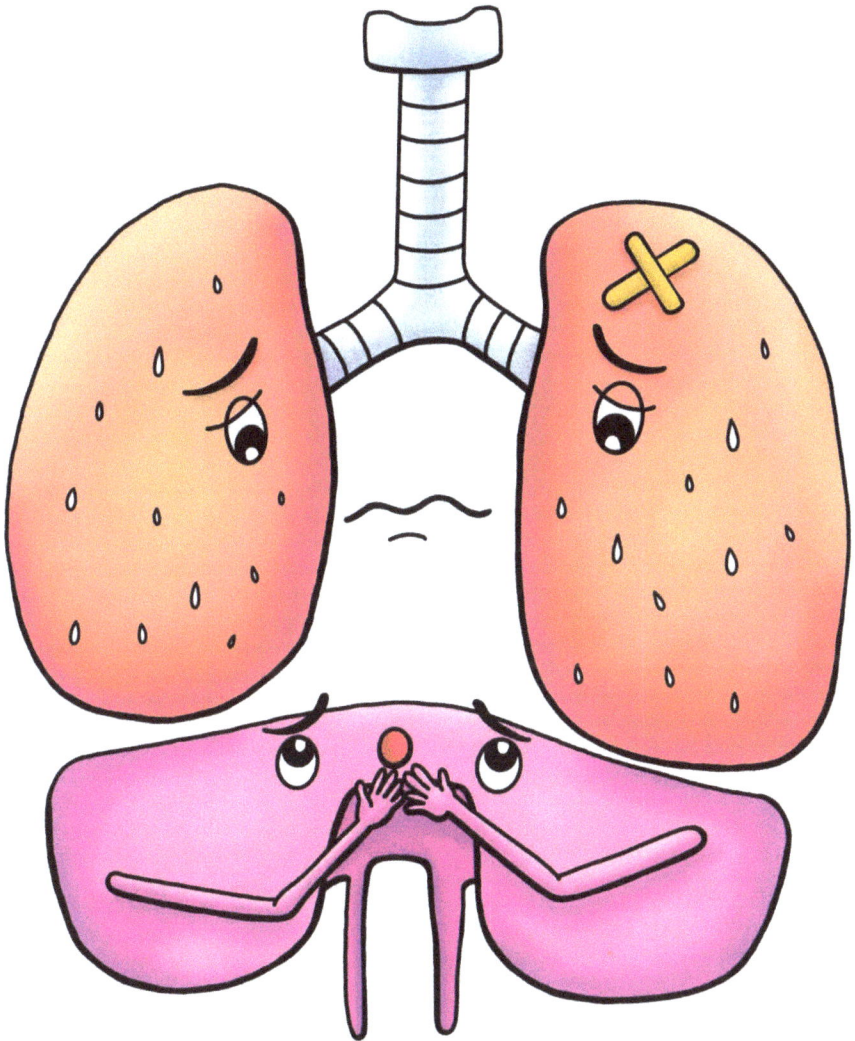

A bon tangira te eea ae itiaki ao
te kakammwakuri maamaam ao
am taaeaburaam. Katoka te moko
ao kabatiaa te kakammwakuri

bwa e aonga
ni marurung
maamaam
ao am
taaeaburaam.

Ngkanne ngkana ko biribiri ke
ko takaakaro ke ko mwaiee ke ko
uaua, iangoa raoi am namakin n
te eea are e rin ao e
otinako man maamaam.

Ko na bon
namakinna ae e
mwakuri raoi am
taaeaburaam ao
ni buokiko
ni karekea te
korakora ae ko
kainnanoia.

Am taaeaburaam bon te
mwatireti ae mwakuri korakora.
E aki kona ni motirawa!

Ko kona ni kaboonganai titiraki aikai ni maroorooakina te boki aio ma am utuu, raoraom ao taan reirei.

Teraa ae ko reiakinna man te boki aio?

Kabwarabwaraa te boki aio.
E kaakamanga? E kakamaaku?
E kaunga? E kakaongoraa?

Teraa am namakin i mwiin warekan te boki aio?

Teraa maamaten nanom man te boki aei?

Karina ara burokuraem ni wareware
getlibraryforall.org

Rongorongon te tia korokaraki

Bon te Physiotherapist ao te tia reirei Bernie Bissett i Canbera Aotiteeria ao iai ana PhD man te University of Queensland. E mmwakuri Bernie n te tabo n tararua, ao e buokiia aomata bwa a na marurung man aorakiia ke ikoakiia. Ngkana e motirawa man ana mmwakuri n te oonnaoraki ke man te angareirei, e kateimatoaa marurungin ao korakoran rabwatana Bernie n te tabo ni kamarurung ke ni biri ni katoobibia ana kaawa ae e tamaaroa. E maeka Bernie ma teniman natina aine ao uoman ana kamea aika a rangi ni kume ae Zoey ao Hugo.

Ko kukurei n te boki aei?

Iai ara karaki aika a tia ni baarongaaki aika a kona n rineaki.

Ti mwakuri n ikarekebai ma taan korokaraki, taan kareirei, taan rabakau n te katei, te tautaeka ao ai rabwata aika aki irekereke ma te tautaeka n uarokoa kakukurein te wareware nakoia ataei n taabo ni kabane.

Ko ataia?

E rikirake ara ibuobuoki n te aonnaaba n itera aikai man irakin ana kouru te United Nations ibukin te Sustainable Development.

libraryforall.org

www.ingramcontent.com/pod-product-compliance
Lightning Source LLC
Chambersburg PA
CBHW040318050426
42452CB00018B/2904